Couverture inférieure manquante

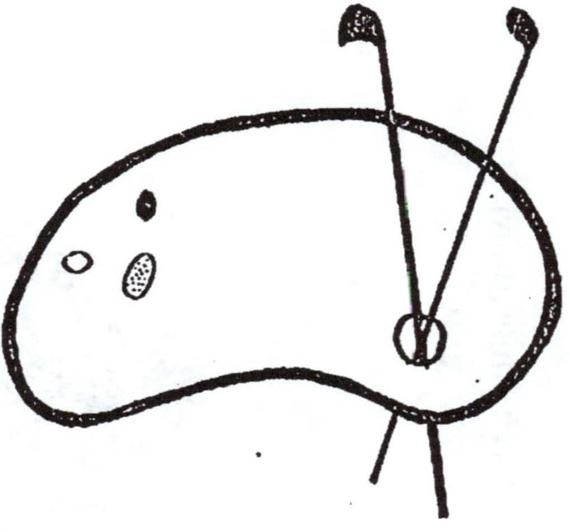

DEBUT D'UNE SERIE DE DOCUMENTS
EN COULEUR

# A. BARAUD

CURÉ DE LA CAILLÈRE

# LA CAILLÈRE

## MONOGRAPHIE

### D'UNE PAROISSE DU BOCAGE VENDÉEN

VANNES

IMPRIMERIE LAFOLYE

1896

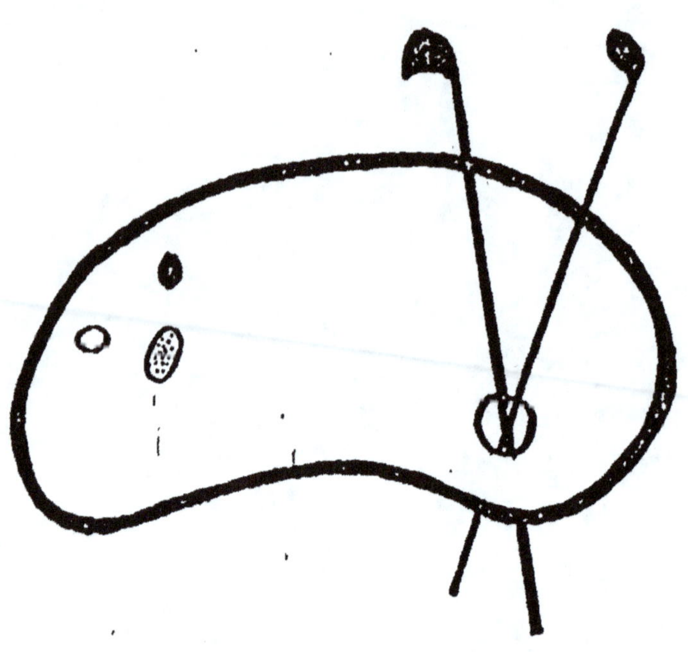

FIN D'UNE SERIE DE DOCUMENTS
EN COULEUR

# A. BARAUD

*Curé de la Caillère.*

# LA CAILLÈRE

## MONOGRAPHIE

### D'UNE PAROISSE DU BOCAGE VENDÉEN

**VANNES**

LIBRAIRIE LAFOLYE

—

1896

# LA CAILLÈRE

## MONOGRAPHIE D'UNE PAROISSE DU BOCAGE VENDÉEN

### I

### SITUATION, NOM, IMPORTANCE DE LA CAILLÈRE.

La Caillère, petite paroisse de 650 habitants, en Vendée[1], située sur le versant nord d'une colline qui part de Saint-Philibert-du-Pont Charrault, traverse la Jaudonnière, Saint-Hilaire-du-Bois et la Caillère pour aller se perdre dans la forêt de Vouvant. Riche en terre végétale d'une extraordinaire fécondité, cette contrée est assise sur un schiste micacé, généralement gris et ardoisé.

Au nord du bourg de la Caillère s'étend un bassin calcaire, qui alimente les nombreux fours à chaux du Vraud et de Pareds. C'est près de cette localité que prend sa source un ruisseau peuplé d'écrevisses, l'*Arcanson*, dont le parcours est de 5000 mètres au milieu des plus grasses prairies, dans un terrain de formation jurassique.

[1] Arrondissement de Fontenay-le-Comte.

Le mot *Caillère* paraît emprunté, dans sa terminaison, au latin *area*, qu'on traduit par champs, jardin, habitation. La première partie du nom a une signification inconnue, d'autant plus qu'il a été écrit de diverses manières : *Caillera, Cayllerid, Callereria.* Le territoire de cette localité est bien, en réalité, comme un champ fertile, un jardin planté de toutes sortes d'arbres fruitiers.

Avant la Révolution, pendant et après jusqu'en 1800, la Caillère était chef-lieu de canton comme le prouvent les registres des délibérations du Conseil cantonal de l'an IV, la Correspondance du commissaire cantonal de la Caillère déposée aux *Archives de la Vendée*, et de nombreux actes de cette époque, qui donnent les noms des juges de paix, huissiers et notaires du canton.

Voici les communes qui en faisaient partie, avec la Caillère : c'étaient Saint-Hilaire-du-Bois, Bouildroux, Thouarsais, Saint-Sulpice-sous-Vouvant, Cezais, Saint-Cyr-des-Gâts et Saint-Laurent-la-Salle.

On peut indiquer plusieurs juges de paix de 1791 à 1800 : MM. Rampillon habitant la Largère, Gérard et Germon fils. La tradition locale rapporte que le secrétaire de la justice était un certain D... décoré du triste nom de *Chauffeur.* Il employait son autorité à saisir les aristocrates connus pour leur aisance et leur présentait les pieds à la flamme jusqu'à ce que l'excès de la douleur leur fît révéler le lieu où se trouvait leur argent.

Il n'était pas le seul, au reste, dans le pays.


## II


### NATURE ET PRODUCTIONS DU SOL. CLIMAT.

La Caillère est le centre d'un grand commerce de fruits, dûs à la nature de son sol. Quelques communes voisines, notamment Saint-Hilaire-du-Bois, la Jaudonnière, Thoursais,

Bouildroux, Saint-Sulpice-en-Pareds participent à cette fécondité. Toute cette contrée, composée de collines et de vallées, renferme un magnifique bocage, où les arbres d'essences diverses croissent avec une fertilité qui ne peut être surpassée que sous les tropiques : plusieurs de ces arbres, surtout les châtaigners, ont cinq ou six mètres de tour. Les arbres fruitiers sont les plus nombreux, et c'est un beau spectacle de voir, depuis le printemps jusqu'à l'automne, cerisiers, noyers, châtaigners, pommiers, cormiers, pruniers, nélliers, noisetiers, marier leurs fruits aux rameaux des vieux chênes et des ormeaux dans la clôture des champs et des prairies.

Les buissons de quelques champs ne sont composés que d'arbres fruitiers, qui souvent donnent un rapport plus considérable que le fonds de terre qu'ils enclosent, et surtout plus agréable, puisqu'il n'oblige à aucun travail. Aucun labour, aucune taille, aucun soin n'est nécessaire. La terre et le soleil de Dieu les rendent seuls productifs. Il suffit d'en faire la cueillette chaque année.

Cette abondance de fruits a créé à la Caillère et au bocage d'alentour une réputation qui n'est pas surfaite. Depuis plusieurs années, quelques-uns de ses produits, tels que les cerises et les poires, sont exportées en divers contrées de la France, et jusqu'en Angleterre et en Russie[1].

Le sol qui produit ces fruits est composé d'une terre jaune, argilo-schisteuse. Plus léger sur le sommet des collines, il prend plus de consistance, sans changer de nature, en descendant dans la vallée, où un mélange de sable, d'humus et d'argile, analogue à la terre qu'on retrouve sous les tropiques, facilement arrosé par des sources ou des ruisseaux nombreux, présente l'image de la plus grande fertilité. Le plus grand

[1] Quelques chiffres donneront une idée de l'importance du commerce des cerises, en particulier. Les marchands qui les achètent, réunis à la fin de la saison en 1894, ont estimés à 70.000 francs l'argent versé par eux en ce pays pour l'achat des cerises en une seule année.

nombre de ces vallées est occupé par d'excellentes prairies d'un prix très élevé[1]. A mesure que le terrain s'abaisse, particulièrement dans les lieux occupés par le schiste et autres pierres argileuses, des couches très étendues de terres, colorées en rouge ou en jaune par l'oxyde de fer sont recouvertes d'un sol plein d'humus, plus ou moins compacte.

Au-dessus, on retrouve le terrain calcaire qui s'étend jusqu'à la plaine de Chantonnay, et sous ce calcaire la houille dont les profondeurs sont exploitées à Faymoreau, comme elles le furent, il y a quelques années, à Chantonnay. Une ligne ferrée qu'on construit en ce moment dans cette région pourra fournir des débouchés à l'exploitation de la houille, qu'une société des Batignolles a retrouvée au Vraud, près la Caillère.

La terre où croissent les châtaigners : *castanea vulgaris*, est ocreuse, fortement tachée de fer.

Les terres argileuses et humides sont destinées par la nature à recevoir le chêne robuste ; les terres plus sèches et légèrement sablonneuses conviennent mieux aux châtaigners.

En dehors des fruits abondants qu'il donne, ce dernier végétal est d'un excellent rapport pour son bois, et fournit de beaux produits à l'âge où le chêne et d'autres arbres de construction ne sont encore que de faibles arbustes. Un bon taillis de châtaigners est un des domaines les plus productifs de ceux qui sont consacrés aux grandes cultures. On le coupe d'ordinaire tous les sept ou dix ans ou plus, selon l'usage auquel on le destine. Souvent ces jeunes arbres sont fendus, les plus petits pour en faire des cercles de barriques, les plus gros de la latte, des pieux pour clôtures, les moyens pour en faire des espaliers.

Cavoleau, parlant de la culture du châtaigner en ce pays, commet une erreur considérable, quand il affirme que *l'on n'y connaît pas les excellentes espèces cultivées* dans le Limou-

---

[1] Elles atteignent jusqu'à six ou sept mille francs l'hectare.

sin. Les marrons de la Caillère et des alentours sont bien supérieurs par leur qualité et leur goût à ceux d'Auvergne et du Limousin, et la meilleure preuve est dans le prix qu'ils atteignent. Sur la place de Nantes, chaque année les marrons de notre contrée sont toujours vendus un tiers, au moins, plus cher que ceux d'Auvergne.

Cette culture des arbres fruitiers ne date pas de l'époque actuelle, mais de plusieurs siècles, comme le prouvent les anciens documents.

D'un bail passé en 1787, il résulte qu'une *ferme de neuf cueillettes et levées de fruits* est passée pour neuf années. Les baux de ce genre sont nombreux. La récolte des marrons, en particulier, est mise sur le même pied que celle du blé. Par un acte du 15 vendémiaire an IX, il est dû au citoyen Boisumeau seize boisseaux de blé et douze boisseaux de *marrons noirs*. Au siècle dernier, la châtelaine de la Caillère, Sophie de Bannière, cède à un ancien curé de cette paroisse la maison qui est située derrière l'église, à charge par le preneur de donner chaque année trois boisseaux de marrons et quatre sols de cens.

Au reste, les terres de la Caillère ne fournissent pas seulement des fruits et d'excellentes prairies ; on y récolte également le froment, le maïs, le seigle, l'avoine, le baillarge, etc. Les habitants de cette localité sont laborieux, et jouissent presque tous d'une modeste aisance. Il y a peu de pauvres.

Le climat de la Caillère est généralement sain. Le bourg, qui s'élève en amphithéâtre sur le versant de la colline, reçoit les vents du nord, qui balayent les rares cas d'épidémie, apportés des communes voisines. La longévité humaine y est considérable.

En 1804, sur *onze* sépultures d'adultes, on compte *neuf* individus dépassant quatre-vingt ans.

### III

### CHATEAU ET CHATELAINS.

Un château de construction fort ancienne existait près de l'église avant la Révolution. Il paraissait être du XIII<sup>e</sup> siècle et bâti par Guillaume de La Caillère, *Guillelmus de Caillerâ* qui vivait en 1217, d'après les anciennes chartes. *V. (Gallia Christ. vol. 2 p. 397).*

Au XVI<sup>e</sup> siècle, la propriété du château passe à la famille de Louis de Montberton, seigneur de la Caillère, qui figure dans les guerres de religion.

En 1698, la châtelaine est dame Ellizabeth de Coursillon, veuve de Frédéric Suzannet, seigneur de la Forais, Bironnières et autres lieux.

En 1732, le château appartient à dame Sophie de Bannière, comtesse de Lenestin, veuve de haut et puissant seigneur M. le marquis Coursillon, de son vivant conseiller d'État, gouverneur et lieutenant général de la province de Touraine, chevalier des ordres du Roy et chevalier d'honneur de feue madame la Dauphine, grand-maître de l'ordre de Notre-Dame du Mont-Carmel.

Vers 1752, le château de la Caillère change de maître, et le seigneur, d'alors, est messire Armand-Louis Jousseaume, marquis de la Bretèche-Desdorides, vicomte de Tiffauges, de Combouraud, etc.

Le dit marquis de la Bretesche était également seigneur de Saint-Aubin-les-Ormeaux, et de plus, avait à la Jaudonnière, la chapelle de Boistifray, dont le revenu était de deux cents livres, et celles de l'Hôtel des Riotaux.

En 1780, on entrait dans le château par deux ponts ; l'un en bois, l'autre de pierre. Ce dernier remplaçait un ancien pont-levis alors en ruine. Le premier était situé le long de la route actuellement, (n° 31), devant la porte de l'église ; le second à l'entrée de la porte principale du château, où fut d'abord le pont-levis. Des douves qui entouraient le château et ses dépendances, ainsi que l'église, longeaient cet édifice, descendaient derrière la tour actuelle, continuaient à partir de celle-ci et rejoignaient le ruisseau qui vient du bois en traversant la prairie. Derrière l'église, comprise ainsi dans l'enceinte du château, les douves passaient près le carrefour Bibard, où l'on voit aujourd'hui la poste aux lettres et une pharmacie, près l'hôtel du *Chêne-vert*, (maison Draud), et rejoignaient le bois qui entoure le château.

Ce dernier était situé dans la grande prairie actuelle, à l'endroit où se trouve un fort mamelon, qui recouvre les ruines de ce monument, et compris entre deux tours, dont l'une disparue, au milieu de la prairie, et l'autre, une fuie existe encore dans sa partie inférieure. Avec ses murs de 1ᵐ 40 d'épaisseur, elle a bravé le temps, et les révolutions ont épargnée. Il existe encore quelques restes des anciennes dépendances de l'antique manoir, qui servent actuellement de maison d'habitation et de granges. Toutefois certaines parties semblent relativement récentes, car on trouve dans leurs murs quelques pierres, couvertes d'inscriptions, ayant appartenu aux murs de l'église.

Quelques-unes des terres de l'ancien château, et les dépendances encore existantes, appartiennent actuellement à madame veuve Berthon, et à ses enfants Joseph et Marie Berthon, dont le père et le grand-oncle étaient hommes d'affaires du marquis la Bretèche-Desdorides[1].

## IV

### FERMIERS DU CHATEAU

Les seigneurs de la Caillère ne se livrant pas eux-mêmes à l'exploitation de leurs terres, soit qu'ils n'en eussent pas le

[1] En 1759, un membre de la famille Des Dorides était vicaire général de Luçon.

goût, soit que leurs charges et leurs occupations ne le permissent point, tel Philippe de Coursillon, conseiller d'Etat et
gouverneur de la Touraine, avaient des fermiers qui habitaient le château ou ses dépendances.

Par un acte de 1759, passé à Tiffauges, Jeanne Servant,
veuve de Henri Chevallier, sieur de la Puymesnerie, demeurant déjà comme fermière au château, prend la ferme des
terres et seigneurie de la Caillère et de la haute justice de
Thiré, avec toutes et chacune de leurs appartenances et dépendances de fiefs, cens et rentes, de M. le marquis de la
Bretesche, vicomte de Tiffauges, pour le prix de 3,000 livres,
en argent, payables chaque année en deux paiements, à
charge par ladite fermière de nourrir et héberger les officiers et les chevaux pendant la tenue des assises de ladite
terre, châtellenie et seigneurie de la Caillère et haute justice
de Thiré.

En 1766, nouvel acte de fermage pour neuf années, passé
à la Jaudonnière, (bien qu'il y ait un notaire de la châtellenie et un notaire royal à la Caillère), par M. Jousseaume
de la Bretesche-Desdorides à Joseph-Alexandre Servant,
sieur de la Nicollière, fils de la précédente Jeanne Servant,
et à Suzanne Chevallier, sa femme, des terres et seigneurie
de la Caillère et haute justice de Thiré, aux mêmes charges
que plus haut, pour la somme de 3,000 livres, payables en
argent.

Cette famille Servant est une des meilleures du pays ; elle
compte un prêtre de l'Oratoire, M. Jean Servant-Duvivier,
parent desdits preneurs qui s'est porté garant pour la valeur de la ferme. Pendant la Révolution, ce dernier fermier
fut tué dans la cheminée de sa maison, qui avoisinait le presbytère, actuellement maison *Neau.*

En 1783, la même ferme est passée par le seigneur de la
Caillère, de la Bretesche-Desdorides, demeurant au château
du Comboureau, paroisse de Torfou, pour le prix de 4,600 l.
En 1791, c'est Louis Coursin, qui devient fermier des terres

du château, par un acte du 11 janvier : puis François Bard, qui exerçait en même temps la profession de maréchal, fermier jusqu'en 1850.

## V

### SOUTERRAINS DU CHATEAU.

Plusieurs souterrains sillonnent le sol du bourg de la Caillère : presque tous semblent converger et communiquer avec le château. Quelques-uns demeurèrent ouverts jusqu'à ces dernières années ; c'est depuis peu que l'orifice en a été fermée par crainte d'accidents. L'un de ces souterrains, qui semble plutôt une cachette, mérite d'être décrit.

Son entrée, habilement dissimulée parmi les bois et derrière un buisson, est un puits de forme ordinaire, d'un mètre de largeur et d'environ 10 mètres de profondeur. L'ouverture en était couverte par une large pierre. On descend dans ce puits en plaçant les pieds dans des excavations de la paroi, réservées dans ce but. A deux mètres environ au-dessous du sol se trouve l'entrée du souterrain, où l'on pénètre par une sorte de chambre de trois à quatre mètres de largeur, précédant une galerie qui se prolonge vers l'ouest, sur une longueur d'environ vingt mètres. Dès l'entrée, on rencontre un garde-corps d'un mètre de hauteur, pour empêcher la chute au fond du puits. La galerie dans laquelle on accède mesure un mètre cinquante de large sur deux mètres de haut. On voit qu'elle est spacieuse et qu'elle pouvait servir de refuge à plusieurs personnes. De distance en distance, dans les parois latérales, sont de petites excavations destinées sans doute à placer des flambeaux pour se diriger dans l'obscurité. Toutefois les ténèbres ne sont pas continues, car le jour tombe parfois de la voûte, sans qu'on puisse se rendre compte d'où vient la lumière.

Parvenu au terme de cette galerie, le couloir se rétrécit subitement et s'abaisse, au point d'être réduit à 0,60 centimètres de hauteur. Après y avoir rampé, on tombe tout à coup dans une chambre d'une largeur de 6 mètres au moins, munie d'une sorte de cheminée, et située à un mètre cinquante en contre-bas de la galerie. Les premiers individus de cette génération, qui y ont pénétré, ont trouvé là des tibias et autres ossements humains, sans doute les restes d'un infortuné qui n'a pu sortir et est mort de faim.

Plusieurs autres souterrains existent en diverses parties du bourg : l'un d'eux semble monter jusqu'au village du Bois situé au midi du bourg, à environ 600 mètres. Ces sortes d'issues ou de cachettes étaient fort utiles dans les luttes de seigneurs à seigneurs si fréquentes au moyen-âge et pendant les guerres de religion. Elles durent servir également de lieu de refuge pendant la Révolution, époque à laquelle le bourg de la Caillère eut beaucoup à souffrir, comme on le verra plus loin.

VI

PRIEURÉ

Au moyen-âge, les prieurés très nombreux en France, étaient des monastères, dépendant des abbayes. Celui de la Caillère relevait de l'abbaye de Luçon. Il comprenait huit prêtres : l'un d'eux était le prieur, auquel était dévolue la charge de curé de la paroisse. L'évêque y conférait de plein droit comme il avait également le droit de nommer le prieur.

C'est en 1473 que ce prieuré et les biens qu'il possède sont donnés aux prébendes des chanoines de Luçon, avec ceux de Mortagne, de Rosnay, de Chavagnes-en-Pareds, de la Meilleraie, du Champ-saint-Père, de Challans, d'Apremont de Brillouet, de Saint-Vincent-sur-Graon, de Chauché, de la Chapelle-Thémer et de la Réorthe, par une transaction entre l'évêque de Luçon Nicolas Bouteaud et son chapitre, sécularisé depuis 1469. Beaucoup de seigneurs, dès cette époque, considérant le parti de l'Eglise comme un moyen de fortune et d'avancement dans les gros bénéfices, employaient toutes les influences dont ils pouvaient disposer, à se faire adjuger les prébendes des prieurés et des monastères. C'est ainsi que Mathurin de Laurière, au XVI<sup>e</sup> siècle, d'après la *Gallia Christiana*, jouit des revenus du prieuré de la Caillère : *progressis fructibus suis prebendæ*, dit le vieil auteur.

Ce prieuré, dépendant de la cathédrale, devait l'office solennel à la paroisse aux fêtes annuelles, et deux messes par semaine. Son revenu, d'après dom Fonteneau, est de six cents livres.

En 1363, le prieur portait encore le nom de Frère ; c'est donc après cette date qu'il fut sécularisé, et qu'un curé et un vicaire furent nommés par l'évêque de Luçon. L'acte le plus ancien que nous possédons est une donation de dix boisseaux de froment et de seigle, faite à *frère Boylaive*, par Philippe de Fonteneau, dame de la Chervinière, moyennant *prières et remembrées* ; cette rente fut assise sur la maison de la Motte-Boylaive et payée jusqu'en 1789.

Les biens du prieuré, affermés à cette dernière date par le sieur Bouhier, syndic du chapitre de Luçon, produisaient neuf cents livres de revenus. Nous n'avons pu reconnaître dans le bourg actuel l'emplacement de ce prieuré d'une manière certaine, mais nous avons de fortes raisons de croire qu'il fut situé au Petit-Logis, dans les bâtiments de la ferme de M. François Bard, maire. Des croix et des inscriptions religieuses se voient au-dessus des portes de cette antique maison, qui a pu servir primitivement d'habitation aux moines[1]. Un vieux cimetière se trouvait également au Petit-Logis, à l'Ouche dite des Venelles.

---

[1] Au-dessus de la porte principale en forme de cintre on peut lire encore la curieuse inscription suivante :

« Entre ici sans
y faire tort
et te souviens
que le premier
homme ne
prit d'un jardin
qu'une pomme
nous perdit. »

## VII

### TERRES DU PRIEURÉ ET DE LA CURE

D'un bail passé le quinze janvier 1775, au nom de la fabrique de l'église de la Caillère, par Pierre Morgand fabriqueur et George Clodot demeurant en ce bourg de la Caillère, il résulte que ces biens étaient les suivants :

1° Quatre boisselées de terre, appelées le *champ de l'Eglise*.

2° Une boisselée et demie, appelée le *champ de la Baraude*.

3° Une demie boisselée de terre, appelée le *champ de la plaine*.

4° Une pièce de terre, dite le *pré Nicolas*.

5° Une autre pièce de pré, nommée le *pré Poussevielle*.

6° Une pièce de bois, en la paroisse du Bouildroux, dite la *Coulée de Saint-Nicolas*.

7° Une autre pièce de bois, tenant au chemin qui vient de la Mandinière au gué de la Blancharde.

8° Sept sillons de terre labourable, situés au terroir de la Carrière à chaux.

9° Quatre boisselées de terre dans les Buffernes.

10° Trois boisselées de terre proche le pré Fondré.

11° Une boisselée de terrre située au pré des Croisettes.

12° Le terrage en trois boisselées de terre appartenant à un nommé Bard.

13° Une boisselée de terre, sise près la Tapusse.

14° Plus les deux cimetières, sis et situés au bourg de la Caillère.

15° Plus la rente foncière annuelle et perpétuelle d'un boisseau de seigle, due par le nommé Coué, dit : *Pistolet*.

16° Plus la rente foncière annuelle et perpétuelle de cinq livres, due par les héritiers de défunt sieur Tournet.

17° Plus une petite rente de sept sous, due par les héritiers de demoiselle Servant, veuve de maître Henri Servant, ancien fermier du château.

18° Plus le revenu des bancs de l'église.

La dite ferme, faite après trois *criées* et publications les jours et fête des *Roys*, et les deux autres les dimanches suivants, et après plusieurs enchères de divers habitants du dit lieu, au-devant la grande porte et principale entrée de l'église à l'issue des Vêpres, le peuple sortant dans la plus grande affluence, a été conclue pour six années consécutives, moyennant le prix et la somme de cent quatre-vingt livres, en présence et du consentement de messire Charles Noiraud, prêtre curé, et en présence des sieurs Joseph Servant, sieur de la Nicollière, Pierre Clodot, Louis Clodot, Philippe Vexiau, sieur de la Brunnetière, Pierre Perrochain et de plusieurs autres habitants.

Ces biens qui composaient les revenus du prieuré et de la cure de la Caillère en 1775 s'étaient encore accrus en 1791, comme le prouve l'acte de partage fait à cette dernière date, le 17 mars, car ils sont bien plus considérables qu'en 1775. Ce qui prouve la foi des fidèles de cette paroisse, qui pour avoir part aux *prières et remembrées* de l'église, lui faisaient don d'une portion de leurs biens[1]. Tout a été vendu en 1791 : à part deux petites parcelles de terres, situé le long du chemin de la Tannerie et comprenant environ trois ares. L'une avoisine un ancien cimetière, l'autre un ancien pré de la cure. Les curés de la Caillère ont constamment eu la jouissance de ces deux parcelles depuis la Révolution. Plusieurs de ces terres, bien qu'ayant changé de maîtres, portent encore des noms qui rappellent leurs anciens possesseurs ; ainsi les *Ouches du Prieur*, le *Champ de l'église*, etc.

---

[1] On trouve, aux *Archives de la Vendée*, une donation d'une boisselée de terre faite à la cure par Jeanne Papin, femme de Michel Papineau en 1630, à la condition de prières pour le repos de son âme. Déclaration de M. J. Bonhomeau, curé de Saint-Martin l'*Ars*. (Sic). Quelques parcelles de terre avaient été achetées par d'anciens curés de la Caillère.

# VIII

## PRESBYTÈRE.

A dater de la sécularisation du prieuré, une maison fut affectée à la demeure du curé et du vicaire. Elle avait pour dépendances, presque contiguës au presbytère, trois petits jardins et deux parcelles de terre. De nos jours, un seul jardin lui reste avec les deux morceaux de terre mentionnés plus haut. En 1673 les dépendances du presbytère s'étaient augmentées « d'un masureau touchant à l'aire de la cure, acheté par Barnabé Caillaud, curé du lieu, à Mathurine Achard, veuve Raffenau[1] ».

Les bâtiments servant de presbytère demeurent une propriété paroissiale jusqu'à la Révolution, où ils sont affectés au logement des agents de l'administration cantonale, qui établissent là leurs archives. Une lettre de cette administration à l'administration centrale réclame des réparations très urgentes : « La ci-devant cure de cet endroit est tellement ouverte de tous côtés, qu'il devient impossible d'y mettre les papiers de l'administration et aucun ouvrier ne veut travailler à ces réparations. » Ce qui ne prouve pas que les agents de la Révolution de 93 aient été bien populaires. On propose de vendre la cure en aussi mauvais état; mais la vente est impossible, et le presbytère demeure propriété de la Fabrique, à la suite de la Révolution. C'est ce que constate le Conseil de Fabrique dans une délibération du 5 décembre 1862 : « L'église et le presbytère non aliénés restent propriété de la fabrique[2] ».

---

[1] *Archives de la Vendée.*
[2] *Archives de la Fabrique de la Caillère,* cahier I, p. 38.

## IX

### CURÉS ET VICAIRES.

L'histoire ne nous a pas conservé les noms des prieurs de la Caillère qui exercèrent les fonctions paroissiales avant la sécularisation du prieuré.

Nous avons toutefois celui de frère Boylaive, prieur en 1363, dont une des terres du monastère portait le nom, la *Motte-Boylaive*. La tradition locale et quelques vieux papiers de famille ont pu nous fournir les noms de plusieurs anciens curés. Ce sont :

MM. Barnabé *Caillaud*, en 1673.

Anthoine *Bourely*, 1698.

*Hély* (N.), 1710. *Chabirand*, vicaire.

Jean *Perochain*, 1732.

Jacques *de Lhospitaud* 1740-1749.

*Crémois*, date précise inconnue.

Charles *Noiraud*, 1775.

*Brunet* avant la Révolution.

Blanchard, ancien prieur de Saint-Sulpice en Pareds, 1803-1808.

Legueult en 1815.

Rassinous, 1825-1840.

Rambaud, 1858-1861.

Jules Launay, 1861-1871.

M. Soulard, 1871-1880.

A. Baraud, 1880. —

## X

### CIMETIÈRES

Nous savons que les cimetières des prieurés et des monastères étaient anciennement compris dans l'enclos de ces monastères, presque toujours autour de la chapelle ou de l'église. Il en était de même à la Caillère.

Le plus ancien cimetière, du moins celui des moines du prieuré devait être près de ce monastère, que nous croyons situé au Petit-Logis, le long de la route actuelle de la Caillère à Saint-Hilaire-du-Bois, à l'endroit dit l'*Ouche des Venelles*.

Le second, destiné à l'inhumation des habitants de la paroisse, entourait l'église. Aussi, en 1889, quand il s'agit, pour la restauration de l'église, d'asseoir les fondations des contreforts extérieurs, partout où l'on creusa à quatre ou cinq pieds de profondeur la pioche rencontra des cadavres. Aucune trace de cercueils, mais de fortes pierres, sur champ, étaient dressées autour du corps, et d'autres plus longues, placées en travers, le recouvraient. Cet ancien cimetière sert aujourd'hui de place publique et de passage, où se tiennent les foires.

Un troisième cimetière était situé en face le cimetière actuel, à la sortie du bourg, sur la route de la Caillère à Mouilleron-en-Pareds. Le cimetière actuel est en face de ce dernier.

En 1776, deux de ces anciens cimetières sont donnés à ferme par la fabrique à George Clodot, avec les autres biens de l'église, d'après un bail conservé dans nos archives.

La famille Clodot possède aujourd'hui ces deux cimetières.

## XI

### Hôpital.

D'un exploit de Pierre Vaudrin, huissier à Fontenay-le-Comte, à la requête du sieur Antoine Rey, chantre de la paroisse de Luçon, exigeant l'arriéré d'une ferme de maison, il ressort qu'un Hôpital existait au bourg de la Caillère avant la Révolution, en 1792. Il ne nous est pas possible de déterminer l'emplacement de cet établissement de charité. Nous savons seulement que la rue qui y conduisait partait de la place, sise autour de l'église.

Il ne faut pas s'étonner si de petites paroisses comme la Caillère avaient un hôpital. Car, d'un côté, nous savons que, quand le cardinal Richelieu vint prendre le gouvernement de son diocèse, il s'occupa de créer en beaucoup de paroisses de notre pays des hôpitaux en faveur des malades indigents. Ce fut vers 1617. D'autre part, la pieuse charité de nos évêques et la libéralité de nos rois n'avaient pas attendu cette époque pour soulager de semblables misères. Les maladies contagieuses qui ont régné pendant le treizième et le quatorzième siècles, en particulier la peste noire de l'an 1348 qui enleva plus de la moitié des habitants de la France et de l'Europe, rendirent ces asiles absolument nécessaires. D'après un document conservé aux *Archives nationales*, il résulte que dans une étendue de pays, égale à dix ou douze de nos départements, il y avait au moins cinquante-sept hôpitaux, puisque ceux-ci y sont expressément désignés[1].

Malheureusement la Révolution de 93, dans sa rage de destruction du passé, a anéanti ces maisons de refuge pour les malades pauvres, et, du même coup, s'est emparée des biens qui y étaient affectés[2]. Malheureusement l'État ne pourra jamais créer des établissements de bienfaisance aussi nombreux. Il est à désirer que la charité privée vienne un jour combler cette lacune.

[1] Ces documents rapportent que le comte de Toulouse et de *Poitou* fait des aumônes de ce genre à huit Maisons-Dieu dans l'Agenois, à six dans la Saintonge, à sept dans l'Auvergne, à six dans le Rouergue, à *onze dans le Poitou*. Les léproseries, dit Léon Gautier, n'étaient pas comprises dans ce calcul. Et les plus petits de ces hôpitaux pouvaient renfermer cinquante lits.

[2] Un capital de six cents livres, produisant une rente de trente livres, était constitué avant la Révolution au profit des pauvres et des malades de la paroisse de Saint-Hilaire-du-Bois. Capital et rente ont disparu, comme les revenus de l'hospice de la Caillère.

## XII

### HALLES ET MARCHÉS.

Les halles, situées sur la place de l'Église existent depuis plusieurs centaines d'années : elles appartinrent au propriétaire du château. Dans ces derniers temps, la commune les a achetées de la famille Berthon, et les a reconstruites.

Les anciens actes en font mention au XVI° siècle, puis en 1712, et pendant la Révolution une partie des troupes y étaient cantonnées.

A cette époque, deux marchés s'y tenaient par semaine, pour subvenir à l'entretien des soldats, car jusque-là il n'y en avait qu'un seul, le dimanche. Ce marché du dimanche paraît dater d'avant la Révolution, car nous savons, qu'avant cette époque, des procès-verbaux furent faits à un boulanger de la Caillère et à une boulangère de Thouarsais, pour avoir vendu, au-dessus du cours, du pain exposé au marché le dimanche.

Ce marché est vraiment opposé à la pratique religieuse. Les gens même des communes voisines qui apportent le beurre, la volaille, les œufs, etc, y passent trop souvent une grande partie de la matinée, l'hiver surtout, et s'exposent à ne pas entendre la messe. Bien plus, les femmes qui, à la maison, attendent leurs maris pour leur en confier la garde, sont exposées également à manquer la messe. Funeste marché qui a contribué à ruiner la foi dans le pays.

## XIII

### MAIRES ET ADJOINTS.

Claudot agent communal en 1697 ; Audugé, adjoint.

P. Pérochain, agent communal en 1799 ; Gaiffe, *id*[1].

[1] Ce Gaiffe était médecin : il redevint maire en 1815, pendant quelques années. On le retrouve fabricien en 1826.

Gaiffe, maire, 1801-1809 ; François Bard, *id.* 1809.

François Bard, 1809-1830.

Paul Bruzon, 1830-1880.

Frédéric Berthon, adjoint, faisant fonction de maire 1881-1884.

François Bard, 1884-1893.

Alexandre Bernard, adjoint, faisant fonction de maire 1893-1896.

## XIV

### INSTRUCTION PRIMAIRE.

Nous avons peu à dire sur ce point, les anciens documents ne nous fournissant aucun renseignement avant la Révolution.

Ce que nous savons, ce que nous avons pu constater, c'est que les riches n'étaient pas les seuls possédant une instruction ordinaire, que les gens du peuple, les manants du moyen-âge apposent leurs signatures au bas des actes publics, écrivent eux-mêmes leurs baux et arrangements privés, savent passablement l'orthographe et font leur commerce, gérant d'ordinaire leurs affaires particulières sans le secours des hommes de loi : ce qui suppose nécessairement des écoles.

L'histoire nous apprend, en effet, que des écoles étaient établies dans les monastères selon les ordonnances des conciles, et il n'est pas permis de douter que le prieuré de la Caillère n'eut une école primaire.

La *République Française*, avec une bonne foi qui l'honore[1] constatait dernièrement en ces termes que l'enseignement dans les siècles passés était l'Œuvre de l'Église. « C'est ici le moment de parler de l'action du clergé sur le développement des études primaires. *Elle fut considérable.* Le catholicisme n'avait pas, d'ailleurs, à s'écarter de ses précédentes tradi-

[1] Nº du juin 1880.

tions. Il est certain que les anciens conciles et synodes s'é-
taient appliqués à encourager le développement de l'instruction. »

### *Instituteurs :*

Pierre Maillaud en 1802[1], percepteur en 1805.
Ripouteau, ancien brigadier de gendarmerie[2].
J. Michel Jaudeau, 1800-1832.
Isidore Draud, 1834.
Guéry, 18 mars 1853.
Barreteau, 3 mai 1853.
Fougère, 2 juin 1854.
Benjamin Ricard, décembre 1854.
Léon Chevallereau, 1862.
Ernest Bard, 1868.
François Raud, 1877.
Lucien Maupetit, 1er octobre 1888.
Baptiste Moizière, 8 novembre 1888.

### *Institutrices.*

Demoiselles Rose Glorian, date précise inconnue.
   Draud, depuis dame Moulin, date inconnue.
   Roy (N.),     date inconnue.
   Brondy,     1855.
   Marionneau,   1856.
   Sausseau,    1858.
   Delisle,     1868.
   Deligné,     1871.
  Dames Bouard,   1884.
   Perrocheau,   1885.
   Pérochon,    1886.
Demoiselles Macé,    1893.
   Colon,     1894.

[1] Il avait fait ses études de prêtrise.
[2] Décédé en 1824.

*Prêtres étrangers à la paroisse dont il est fait mention.*

MM.  Jacques Cardineau, vicaire au Langon, en 1731.
     Faudaguet, curé de St-Hilaire-du-Bois, en 1777.
     Beneteau, curé de la même paroisse, 1739.
     Chevallier, curé de la Chapelle-Thémer, 1698.
     J. Bonhomeau, curé de St-Martin, 1630.
     Jean-Louis Gaillard, prieur du Breuil-Barret, 1745.
     Arnaud, curé de Chantonnay en 1808.


## XV

### L'ÉGLISE

L'église de la Caillère ne fut jamais la chapelle du château, bien qu'elle ait été comprise dans son enceinte. Les douves l'entouraient pour la protéger contre les ravages des seigneurs ennemis, et plus tard, contre les dévastations des huguenots de la contrée. Sa grandeur et sa capacité sont hors de proportion avec les dimensions d'une chapelle privée, sa construction est antérieure d'un siècle environ à celle du château, et les documents anciens la désignent toujours sous le nom d'église. Ainsi d'un acte de 1699, il ressort que François Augereau, marchand, vend à Pierre Allaire, demeurant à Lespinay, paroisse des Essarts, une maison située sur le chemin qui conduit de *l'église* de la Caillère à la Boursaudière. Même mention en d'autres actes.

Sous le rapport ecclésiastique, la Caillère fait partie, au moyen-âge, de l'archiprêtré de Pareds, devenu archidiaconat, par une bulle de Paul II. (12 janvier 1469.)

### 1° *Construction et style*

L'église fut construite à deux époques : la partie inférieure, nef et bas-côtés datent de la fin du XI° siècle et du commencement du XII⁰ ; la partie supérieure et le sanctuaire sont du XIV⁰ et XV⁰. Toutefois, la première partie de la nef, le narthex, semble avoir été bâtie postérieurement à la nef elle-même, car, dans les travaux de restauration faits récemment, la pioche de l'ouvrier a mis à nu, dans l'épaisseur des murs latéraux, à la hauteur des pilliers qui supportent la seconde travée, des assises de pierre taillées et moulurées, qui devaient former la base des pieds droits d'une façade construite antérieurement.

C'est donc après la construction primitive de la nef et des bas-côtés que fut construit le narthex, avec la porte du XII⁰ siècle, (dont on a retrouvé de beaux vestiges dans la démolition), ainsi que le beffroi qui reposait sur la porte d'entrée, comme le prouve l'escalier du clocher primitif, découvert dans l'épaisseur du mur de droite.

Ce mur ayant un mètre quarante de largeur pouvait facilement dissimuler l'escalier.

Aussi, l'architecte restaurateur de cette église, M. Libaudière, dans un premier projet présenté au Ministère des cultes, avait conservé le beffroi sur cette partie de l'édifice.

Mais, chose inexplicable de la part des architectes du ministère, le projet fut rejeté, sous prétexte que cette disposition était contraire au style roman.

La façade, construite postérieurement à la nef devait être, dans son origine, véritablement magnifique et d'une pureté de style remarquable, si nous en jugeons d'après les ruines que nous avons découvertes.

Au centre, s'ouvrait une grande porte, voutée en plein cintre dans de larges proportions. Elle était entourée de chaque côté de trois archivoltes formant cordon, supportées par quatre colonnettes et deux pieds-droits. Les chapiteaux de ces colonnettes étaient ornées de belles sculptures et d'ornements variés. Sur l'un d'eux se détachait une tête d'homme, enlacée par un reptile, et sur un autre une tête de femme à figure grimaçante torturée par un serpent l'enserrant jusqu'au cou en plusieurs replis.

Ces figures symboliques de la chûte originelle se rencontrent assez fréquemment, avec quelques différences dans la forme, en certaines églises contemporaines, comme à Montmorillon, à Saint-Nicolas d'Angers, à Sainte-Croix de Bordeaux, à Saint-Jouin de Marnes.

Les divers cintres, étagés au-dessus de la porte, présentaient une ornementation curieuse et unique en son genre dans les monuments de cette époque. Le premier, l'inférieur, était à peu près nu ; le second, semé de deux rangs de cabochons sur un champ de moulures en creux et séparés par un autre en relief surmonté d'un rang de figues, prises par le pied et attachées deux à deux.

Le cintre supérieur formant saillie sur les inférieurs était percé de trous en forme de tuiles creuses. Le cintre suivant était semé de losanges carrés, dont les bords étaient détachés par une moulure en creux.

Enfin, le dernier cintre, formant archivolte était composé de pointes de diamants, surmontées d'une moulure et du listel. Ces ornements garnissaient les divers cintres dans tout leur développement autour de la porte.

Deux arcatures en plein cintre surhaussé, de petite dimension et en fort relief, ornaient la façade, à droite et à gauche de la porte, reposant sur des colonnettes et des chapiteaux, ceux-ci terminés par des coquilles de pélerin à l'un des angles et des volûtes à l'angle opposé. Plus bas, sous le pied des colonnettes, on voyait un gros cordon formant entablement et profilant dans toute la façade avec les cordons qui surmontent les chapiteaux de la porte. Les cintres de ces petites arcatures étaient décorés de figures de chats sauvages, se touchant toutes, et surmontées d'un archivolte découpé en pointes de diamants.

La façade était découpée, dans une grande partie de sa hauteur, par deux fortes colonnes cylindriques, séparant l'encadrement de la porte des arcatures latérales, et s'élevant jusqu'aux deux tiers de la façade pour supporter un entablement. Malheureusement, les chapiteaux de ces longues colonnes, l'entablement, les corbelets et toute la partie supérieure du fronton, qui furent en harmonie avec les ornements de la porte, ont été détruits par les partisans de la Réforme, avec un acharnement incompréhensible.

Quel mal pouvaient leur causer ces beautés de l'art ancien?

Mais l'habile architecte qui a restauré le monument, a su faire revivre tous ces ornements disparus en reconstruisant la façade et la porte, à peu près dans leur état primitif, auquel s'ajoute l'éclat du neuf. Aussi son dessin fut-il très remarqué au salon de 1890, où le plan a été admis à figurer.

### 2° *Incendie de l'église.*

Toute cette ancienne architecture, qui faisait de ce monument l'un des plus beaux spécimens du style roman des XI° et XII° siècles, fut détruite au XVI° siècle.

L'église de la Caillère dut être brûlée et démolie en partie vers 1562, époque à laquelle (30 avril) les protestants de la Châtaigneraie, de Chantonnay, de Monsireigne concentrés vers la Caillère, marchèrent sur Luçon, et, après l'avoir assiégée et prise, brûlèrent les églises de Saint-Mathurin, de Saint-Philbert, de Sainte-Madeleine et la cathédrale. *Ils étaient arrivés à Luçon,* dit la Chronique du Langon, *avec épées, pistolets, arquebuses, hallebardes, cottes de maille, armures et autres bâtons défendus.* Retournant vainqueurs par Fontenay, ils incendièrent les églises de Nalliers, Mouzeuil, du Langon, de Fontenay et d'une partie du Bas Poitou. La Caillère, voyait toutes les églises des alentours arrachées au culte ou dévastées par les huguenots.

Ainsi, le quatre mars 1564, le curé de Saint-Germain-le-Prinçay s'était présenté à Luçon devant l'évêque et le gouverneur du Poitou pour s'excuser de ne pouvoir dire la messe, parce que les protestants de Mouilleron-en-Pareds menaçent de le tuer, s'il monte à l'autel; son église est presque détruite.

Le curé de Mouilleron déclare que les protestants lui ont volé son église, qu'ils y font le prêche, jouissent de ses domaines et s'opposent à l'exercice de son ministère.

Le curé des Redoux, appelé à Luçon par l'évêque, s'excuse de ne pouvoir exercer, parce que, depuis deux ans, son église et sa cure sont ruinées. Il fait remarquer que sa paroisse se trouve située entre Pouzauges, Mouilleron, Chavagnes et Monsireigne, où les protestants et leurs ministres sont puissants. Il ajoute qu'ayant voulu relever son autel, ils s'y sont opposés et menacent de le tuer. La situation est la même à Saint-Jacques de Pouzauges, à Tillay, au Tallud, à Sainte-Gemme-des-Bruyères et autres lieux voisins. L'église de Tillay est ruinée.

J.-B. Tiercelin, évêque de Luçon, dans un mémoire adressé au roi, au sujet de ces désordres sacrilèges, le dix septembre 1565 ajoute qu'au Simon on ne dit plus la messe, les protestants ayant tiré sur le curé à l'autel un coup de pistolet. A Mouilleron-en-Pareds, ils font le prêche dans l'église.

A Saint-Martin-Lars, même profanation : le seigneur de Puythumer fait faire le prêche dans l'église par un valet et jouit des biens de la cure.

A la Jaudonnière point d'exercice du culte. Il devait en être de même à la Caillère, paroisse limitrophe.

Ces faits, ajoutés, à d'autres, prouvent qu'au XVI° siècle une partie de la noblesse de ce pays avait embrassé les erreurs de la Réforme et opprimait les catholiques. Jeanne de Peinevert, sœur du seigneur de Bazoges, était une fanatique. A la suite d'un futil conflit avec le prieur de Saint-Martin-Lars, elle écoute un ministre ambulant et ouvre un prêche pour les habitants de son château de Saint-Martin. Son frère, le seigneur de Bazoges n'approuve pas ces actes de fanatisme et de pillage des églises. Pour mettre à l'abri des incursions des protestants la vaste et riche plaine qui s'étend de Chantonnay à la Caillère, il s'entendit avec son voisin, le seigneur des Roches-Baritaud, catholique comme lui, et augmenta les fortifications de son château.

Quelques années plus tard, vers 1570, Jeanne de Peinevert meurt dans les bras des Huguenots, et sa mort, entourée des cérémonies du culte protestant, ajoute aux douleurs du seigneur de Bazoges, qui avait aimé tendrement cette sœur devenue hérétique.

En 1594, Don Alonzo, capitaine au service du roi d'Espagne, du duc de Mercœur et de la Ligue, vient se présenter avec ses soldats devant le château-fort de Bazoges pour en faire le siège. Mais la colonne avait été signalée de la forteresse, par la vigie, dès sa sortie de Chantonnay, et le signal d'alarme sonnait à la Caillère et dans les paroisses voisines, appelant aux armes les catholiques. Au même instant, des nuages de poussière sur la route de la Caillère semblent soulevés par un corps de cavaliers.

C'était la cavalerie royale de Fontenay, forte de cinquante lances et de cent arquebusiers à cheval, venant au secours de Bazoges.

De concert avec celles-ci, les soldats de Fontenay fondent sur l'armée d'Alonzo, lequel fût tué d'un coup de lance. Sa troupe fut prise ou dispersée. Le seigneur des Roches-Baritaud était venu combattre en personne.

Au milieu de ces guerres, de ces pillages, l'église de la Caillère ne put échapper à l'incendie et à la ruine. Les traces de cet incendie ont été retrouvées lors de la restauration dernière. En déblayant le sol, sous la première travée, à trente centimètres de profondeur, on rencontra une couche de terre calcinée de vingt-cinq centimètres d'épaisseur, rouge et cuite par le feu, mélangée de charbon de bois, et des poutres entières du faitage complètement carbonisées.

Le clocher et les voûtes notamment furent alors détruites par les protestants, et la façade mutilée dans ses plus belles sculptures.

Ces actes de vandalisme se passaient de 1552 à 1570, et comme la paix ne fut rétablie qu'en 1570, malgré la bonne volonté des catholiques de la Caillère ruinés par ces guerres religieuses, l'église ne put être rétablie de sitôt, et, pendant de longues années, délabrée et sans toiture elle subit toutes les rigueurs des saisons. Aussi, la tradition locale nous la représente-t-elle abandonnée, à ciel ouvert, pendant longtemps, de sorte qu'avant sa restauration de 1889, elle portait encore les traces verdâtres de la pluie, découlant le long des murs et des colonnes rongées par le salpêtre et l'humidité.

Après des années de calme, les catholiques qui avaient dû se réfugier, pour l'exercice de leur culte, dans quelque vaste grange, se jugeant en situation de restaurer partiellement leur église firent le nécessaire pour la rendre au service divin : ce qui se borna à une haute charpente reposant, avec la couverture, immédiatement sur les débris des voûtes, et consistant en simples chevrons, cas qui se présente souvent dans plusieurs de nos vieilles églises de Vendée. Puis, une tour carrée, sans architecture fut élevée sur la voûte du transept et percée de quatre ouvertures aux quatre côtés, au lieu du beau clocher roman, assis auparavant sur le narthex et dont on voyait récemment les fortes assises à la naissance des arceaux qui le soutenaient. Cette restauration fut faite en 1605, comme l'indique une inscription sur la pierre placée au-dessus de l'ancienne porte d'entrée, mais elle se bornait au nécessaire. C'est donc pendant une intervalle de trente-cinq années environ que l'église demeura abandonnée aux injures du temps.

### 3° *Restauration importante.*

Près de deux siècles plus tard, au moment de la Révolution française, l'église avait un besoin pressant de restauration. Son état de délabrement la sauva même d'une sacrilège profanation. Le commissaire de la République eut voulu en faire le temple décadaire : c'était chose impossible à moins de réparations considérables. Il écrivit à l'administration centrale : « La cy-devant église de la Caillère serait très propre à faire le temple de la réunion décadaire. C'est un vaisseau énorme qui n'a presque pas de couverture, ni vitres, ni fenêtres. Il serait à propos que le département enverrait un entrepreneur pour faire un devis. Le chœur serait assez vaste pour les assemblées du canton... La place n'est pas tenable : nous sommes plus exposés aux frimas et injures de l'air que sous les balles. (*11 frimaire an VII.* DUCROQ.)

Cet état de chose était la conséquence des ravages des révolutionnaires de la contrée qui n'avaient qu'un but : détruire les objets du culte religieux pour ruiner la foi dans les âmes.

Après ces terribles événements, la couverture de l'église fut réparée, un tillage placé et les fenêtres fermées grossièrement. Le monument subsista ainsi sous les divers curés qui se sont succédés jusqu'en 1888.

A cette date, une restauration considérable était devenue plus nécessaire que jamais. La toiture percée à jour laissait pénétrer dans l'édifice le vent et la pluie.

Le curé, actuel arrivé depuis peu, voyant l'église presque inhabitable, injurieuse à la majesté divine et vraiment indigne du culte religieux, de concert avec le conseil de fabrique, conçut un projet de restauration sérieuse. Des plans furent dressés, qui, d'abord, eurent un mauvais sort. Trois projets successifs furent présentés, puis rejetés par le ministère des cultes sous divers prétextes qui paraissaient futiles. Enfin, un quatrième projet fut conçu, et grâce à l'influence de l'un de nos députés, M. Paul Le Roux, il sortit enfin approuvé du ministère. Une souscription publique, faite dans la paroisse par M. le curé et deux membres du conseil de fabrique produisit près de sept mille francs. Avec les autres ressources on arrivait à dix-huit mille. C'était la somme strictement nécessaire.

Elle suffit néanmoins, et les travaux commencés au mois de juin 1889 furent achevés à l'automne de 1890. Les enduits intérieurs et le filage étant exécutés dans toute la longueur de l'édifice, l'église ressemble au-dedans à une construction entièrement neuve, et le vaisseau dans son ensemble est tout transformé. A l'extérieur, l'ornementation de la porte et de la façade est terminé conformément à l'ancien type architectural et présente vraiment un magnifique coup-d'œil pour le savant et l'amateur, comme pour l'homme du peuple.

Ecoutons un artiste, bon juge en cette matière, l'aquafortiste O. de Rochebrune, nous décrire les détails de cette ornementation après une visite faite à la Caillère avec plusieurs amis.

« A une heure, nous montons en voiture pour gagner la Caillère, but principal de notre expédition archéologique. Nous avions hâte de nous rendre compte de l'aspect des restaurations exécutées à ce vieux monument des XI° et XII° siècles par l'habile architecte M. Libaudière ; sous l'inspiration de M. Baraud, curé du lieu, adorateur passionné de son antique église.

« La façade, remontée d'après son ancien type architectural a vraiment très bon air. Ainsi que presque toutes les églises romanes de la contrée, le rez-de-chaussée se divise en trois sections perpendiculaires, formées par les contreforts rectangulaires d'angles et deux fortes colonnes cantonnant la porte plein cintre décorée de trois archivoltes. Celle-ci est accompagnée à droite et à gauche d'arcatures dont la base des colonnes de support repose sur le tailloir prolongé des chapiteaux de la baie centrale. Ces arcatures, très étroites correspondent aux bas-côtés si rétrécis de l'intérieur. Le cintre de ces arcatures est orné d'une belle croix romane, telle qu'on la retrouve dans les monuments de cette époque: le pied est légèrement plus long que les bras et la tête, et celle-ci plus longue que les bras.

Une fenêtre également plein cintre, à double archivolte éclaire la nef. Le tailloir des colonnes de support de cette archivolte se prolonge et forme cordon sur le chapiteau des grosses colonnes. L'entablement des murs latéraux se profile en façade, découpant ainsi, avec le pignon de l'église, un fronton de temple antique ; le tympan en est occupé par une arcade trilobée qui ne semble pas très conforme au type poitevin.

« A part cette légère critique, tout l'ensemble du portail et des contreforts des murs de la nef est exécuté avec soin et présente un coup d'œil des plus satisfaisant.

« Les piles intérieures surtout, accostées de leurs quatre colonnes cylindriques ont été reprises avec beaucoup de soin et d'entente. Rien n'a été modifié dans les étranges petits bas-côtés dont le plan par terre et d'élévation *est à peu près unique dans tous les édifices religieux de cette époque.* L'architecte d'autrefois a, sans doute, été préoccupé de trouver, à l'intérieur de l'édifice, une résistance suffisante à la poussée des maîtresses-voûtes en berceau de la grande nef, en faisant disparaître dans l'église elle-même ces contreforts, comme cela devait être pratiqué, deux siècles plus tard, dans la magnifique basilique d'Albi.

« En résumé, lorsque toutes les archivoltes du rez-de-chaussée de la façade auront vu reproduire exactement la vieille ornementation de chacun de leurs claveaux, elles n'auront rien à envier à nos plus intéressants monuments du XII° siècle. Pour ce faire, il importera de mettre sous les yeux de l'ornemaniste la vieille pierre elle-même sortie du ciseau de l'artiste roman, qui a pu s'appeler, lui aussi, Audebertus, car tout le rez-de-chaussée de la Caillère rappelle la donnée architectonique de l'église de Foussais.

« Toutes nos félicitations à M. le curé et à l'intelligent architecte, qui ont su faire revivre dans son ancienne splendeur, un des plus intéressants édifices de la contrée[1]. »

Ce que l'éminent artiste n'a pu voir et n'a pu décrire, nous allons essayer de le faire pour compléter cette notice.

Les modillons supportant l'entablement placé au-dessus des grandes colonnes de la façade sont revêtus de moulures et de sculptures très variées, dont les motifs sont tous différents.

[1] *Revue du Bas-Poitou,* 1890, 3° livraison.

Toutes ont été choisies dans de vieux monuments de l'époque, notamment dans la vieille église de Vouvant. Des oiseaux, des quadrupèdes et des feuillages forment les chapiteaux de ces colonnes et sont merveilleusement fouillés dans la belle pierre de Pons et de Saint-Même par l'habile sculpteur de la Roche-sur-Yon, M. Rabaud.

Les chapiteaux des colonnettes de la porte et des colonnes de l'intérieur sont l'œuvre du même artiste. Ceux qui surmonte le pied droit de la grande porte représentent tantôt deux animaux terminés par une seule tête ou pris par le cou, tantôt des feuillages se recourbant aux angles, en crosses ou en volutes, semés de cabochons. D'autres sont ornés de têtes d'homme et de chouette émergeant du feuillage.

Mais pénétrons à l'intérieur du monument, car si l'ensemble de l'édifice est intéressant au point de vue archéologique, la partie inférieure XI$^e$ siècle est aussi très remarquée avec ses curieux bas-côtés, dont on parlera dans un instant.

L'intérieur de l'église présente une longue perspective de quarante mètres sur neuf mètres de largeur. Une grande nef et deux bas-côtés irréguliers, un chœur rectangulaire, telle est la disposition générale.

La nef se divise en six travées, deux des XIV$^e$ et XV$^e$ siècles dans la partie supérieure, et quatre dans la partie inférieure, XII$^e$ siècle. Les pilliers sont composés de quatre colonnes engagées et reposant sur des bases circulaires du meilleur effet. Les quatre travées, restaurées dans la partie inférieure, sont couvertes d'une voûte en berceau, en briques doublées soutenue par arcs-doubleaux retombant à chaque travée sur des colonnes cylindriques. Les fenêtres du XII$^e$ siècle ont un glacis très prononcé, car ne mesurant que trente centimètres de largeur sur un mètre vingt-cinq de hauteur, elles ont besoin d'un glacis très ouvert pour jeter une plus grande lumière dans l'édifice. Le cintre voûtant les petites baies, repose à l'intérieur sur des colonnettes anciennes, dont les chapiteaux et les tailloirs sont couverts de moulures, de crossettes et de volûtes. Les vieux doubleaux des arcades latérales qui courent d'un pilier à l'autre sont bordés d'un beau cordon en pointes de diamant qui sent le XII° siècle en plein.

A cette époque, souvent on dissimula le nu des murs par des arcades simulées en ogives encadrant les fenêtres. C'est ce que nous retrouvons ici pour orner les murs latéraux. Les frises et chapiteaux qui supportent ces ogives simulées sont ornés de sculptures et de dessins représentant tous les ornements des XI° et XII° siècles, tels que roues, haches, dents de scie, reptiles et oiseaux, crochets et feuilles entablées, imitant souvent l'acanthe, placés en bordures sur les entablements, comme celui qui domine l'autel Saint-Joseph et produit le plus gracieux effet.

Mais le chapiteau le plus curieux, véritable cachet du vieux roman est placé sous le cintre d'un bas-côté, à droite de la troisième travée. Il représente Adam debout, le sceptre du commandement à la main, faisant défiler devant lui les animaux de la création : *ut imposueret nomina eorum*, pour leur donner des noms. On y trouve divers quadrupèdes : l'éléphant, l'ours, le dromadaire, etc...

La partie la plus remarquée des archéologues est celle des bas-côtés et des petites nefs latérales d'inégale ouverture. Celui de droite a 0,43 centimètres de largeur ; celui de gauche, 0,33. Ce n'est donc pas un déambulatoire, puisque la largeur moyenne d'une épaule à l'autre est de 0,47 centimètres au minimum. Mais, comme le faisait parfaitement observer M. de Rochebrune, l'architecte constructeur de la vieille église, a sans doute été préoccupé de trouver à l'intérieur une force suffisante pour résister à la poussée des voûtes en pierre de la grande nef, en faisant ainsi disparaître les contreforts et les remplaçant heureusement par ces étranges bas-côtés, qui font l'étonnement et l'admiration des amateurs d'archéologie.

Nous disons *étranges*, car ce qui ajoute à l'originalité de leur construction, c'est que les arcades de droite sont élevées sur colonnes cylindriques, et celles de gauche sont supportées par des colonnes ou pilastres carrés, engagés et coupés à angles droits, comme si l'architecte n'avait rien voulu faire de régulier et eut voulu rompre la monotonie et la symétrie de la décoration.

Un détail à signaler également, c'est que les murs latéraux à l'intérieur n'ont pas été montés selon la ligne verticale du fil à plomb, mais s'élèvent en fuyant au dehors, suivant le plan d'élévation de certains acqueducs ou viaducs modernes.

N'oublions pas de signaler à l'intérieur, en face des petits autels, quatre merveilleux chapiteaux, couronnant les piles cylindriques dus à l'élégant ciseau de M. Rabaud, et attirant le regard du visiteur par leur admirable fouillis de feuillages, d'où émergent des têtes de chouettes, de chimères, d'animaux fantastiques à la queue gracieusement recourbée.

Malheureusement, il a fallu s'arrêter trop tôt, faute de ressources, dans ces travaux d'ornementation, et beaucoup d'autres chapiteaux restent à sculpter.

Telle fut autrefois l'église de la Caillère et telle elle est aujourd'hui.

En résumé, comme l'a dit justement M. de Rochebrune, quand elle aura vu reproduire exactement toute la vieille ornementation disparue, cette église n'aura plus rien à envier aux plus intéressants édifices du XII° siècle.


## XVI

### COUTUMES ET FAITS CONCERNANT LA CAILLÈRE.

Au siècle dernier le changement de paroisse, pour le paiement des tailles et impôts, était publié au trône de la messe paroissiale, par ordre du procureur syndic des tailles et corvées, et le curé devait fournir un certificat de publication à celui qui quittait sa paroisse pour aller dans une autre. Ainsi Pierre Perotin ayant changé de paroisse pour habiter le Langon, son curé lui délivre un certificat enregistré par le greffier royal de Fontenay-le-Comte, en 1744.

Les membres du Conseil de fabrique étaient nommés par les habitants de la paroisse. Bruzon, fabriqueur en 1740, donne publiquement sa démission à l'issue des vêpres, à la grande porte de l'église, et aussitôt Mathurin Jary *trouvé bon, idoine et capable de faire ces fonctions* est nommé par les paroissiens, fabriqueur pour trois années.

En 1846, les habitants du village des Ouillères, commune de Saint-Laurent-la-Salle, ayant demandé à faire partie de la Caillère, leur demande est soumise par le sous-préfet au conseil de fabrique de cette paroisse, qui donne un avis favorable. L'administration n'y donne pas suite.


XVII

### LA CAILLÈRE PENDANT LA RÉVOLUTION

Avant 1789, la diversité des coutumes et des privilèges accordés à des époques et sous des conditions différentes, avait amené, on le sait, une très grande variété dans l'organisation et l'administration des communes.

L'Assemblée Constituante mit toutes les municipalités sur la même ligne, mais, du même coup, l'ancienne organisation était sacrifiée : privilège des communes, jurandes, corporations d'arts et métiers, anciennes franchises des villes et des communes. Rien ne résiste, rien ne reste debout, les droits les plus respectables comme les abus. La Constitution de l'an III (1705) conserve encore les communes de 5.000 âmes et plus, mais les autres sont réunies dans une administration collective, concentrée au chef-lieu de canton.


1° *Administration du canton.*

La Caillère, l'un de ces chefs-lieux, comprenait dans sa juridiction sept autres paroisses : Saint-Hilaire-des-Bois, Bouildroux, Thouarsais, Saint-Sulpice-sous-Vouvant, Cezais, Saint-Cyr-des-Gâts et Saint-Laurent-la-Salle. Elle réunit tous les fonctionnaires nécessaires pour l'administration cantonale : président de l'administration, secrétaire, juge de paix, greffier, percepteur, notaires, etc.

Quand le gouvernement révolutionnaire veut agir à sa guise, étouffer la liberté, confisquer la propriété et ruiner la religion, il nomme, au chef-lieu de canton, un commissaire, âme damnée et vendue à tous ses caprices. Le premier de ces commissaires est un certain *Boulet*, en l'an III, puis un *Chevalier*, an IV. Le dit Chevalier se plaint « que la commune d'Hilaire-du-Bois (il n'y a plus de saint) s'est toujours piquée du plus grand patriotisme, mais ne satisfait pas aux réquisitions : il faut employer la force armée ». Les documents que nous avons eus sous les yeux[1] ne fournissent aucune preuve de la tyrannie exercée par ces deux commissaires (ce n'est pas une raison pour les croire innocents) ; il n'en est pas ainsi de leur successeur en l'an VI et l'an VII, un certain Ducrocq-la-Bretonnière, dit habitant la *Caillère* et propriétaire en cette paroisse. Personnage ambitieux, tyranneau au petit pied, il fut un digne représentant de la Terreur. Son langage sot et emphatique, comme ses actes, le peignent à merveille.

En voici un exemple.

D'après le résumé des actes de son administration en l'an VII, il écrit : « Les vues du gouvernement relatives aux arbres de la liberté ont été multipliées dans tout le canton et en temps convenable. Le commissaire espère que l'*esprit public les arrosera, de manière à ce que la sécheresse de l'aristocratie ne puisse les empêcher d'étendre leurs racines dans toute la république*[2]. La fête de la punition du dernier tyran a été célébrée avec enthousiasme. Il n'est pas un seul fonctionnaire qui n'ait prêté serment de haine aux tyrans et à l'anarchie. » Dans un autre rapport, il ajoute ces mots, qui sont loin de prouver dans le pays un grand enthousiasme pour le gouvernement de son choix : « L'esprit du canton *ne peut pas être plus mauvais*[3]. Si ces malheureux habitants étaient aban-

---

[1] Aux *Archives de la Vendée*, déposées à la Préfecture.

[2] Ce qui n'a pas empêché l'arbre de la liberté planté sur la place de l'Église à la Caillère de périr peu à peu, puis d'être arraché en ces dernières années.

[3] À son point de vue. Ce qui signifie qu'*il est très bon*.

donnés à eux-mêmes ils deviendraient *antropophages*[1]. » L'impiété de ce révolutionnaire égale son dévouement aux intérêts de ses administrés. Il donne la chasse aux émigrés, aux prêtres et à tous ceux qui n'admirent pas les beautés du gouvernement, que Ducrocq eut l'habileté de faire durer en ce pays plus longtemps que son règne n'existât à Paris. On conserve encore dans la contrée la mémoire des exécutions et des fusillades opérées par lui sur des citoyens inoffensifs.

Après Ducrocq, le 28 floréal an VII, le citoyen Boutet fils est nommé président de l'administration du canton. On loue l'attachement de ce dernier à la République. Nous ignorons s'il marchât sur les traces cruelles de son prédécesseur.

Louis-Thomas Germon, fils, est d'abord percepteur à la Caillère, puis devient secrétaire du commissaire du canton, enfin juge de paix le 9 thermidor an VIII. Aimé Drapeau est greffier de la justice de paix. Au commencement du siècle actuel, on retrouve Germon notaire, succédant à son père notaire avant la Révolution[2]. Après lui, un citoyen Gérard est nommé juge de paix et n'exerce ses fonctions que pendant six mois, puis il les résigne pour se retirer à Saint-Fulgent. Chisson, notaire royal avant la Révolution, veut exercer les mêmes fonctions sous la République, mais Ducrocq s'y oppose, parce que ledit notaire « a été membre du Comité des *rebelles*, est très inepte, d'une bonne foi douteuse, et a perdu ses droits de citoyen pour avoir fait cause commune avec les rebelles. »

Comme percepteur, doit être mentionné un certain Blaisot, ancien notaire de la châtellenie de la Caillère qui trahit ses premiers maîtres et eut une fin tragique; on le verra plus tard.

Voici quels furent au 11 brumaire, an VII, les agents du canton qui assistaient aux séances à la Caillère, d'après un rapport de Ducrocq.

*Boutet*, d'Hylaire du Bois, très assidu.

*Coquilleau*, du Bouildroux, médiocrement.

*Pierre Perrochain*, de la Caillère, médiocrement.

*Charon*, de Laurent-la-Salle, très rarement.

*Vizet*, de Thouarsais, très rarement.

*Baye*, de Cyr-des-Gâts, très rarement.

*Brifaut*, de Sulpice-sur-Vouvant, très rarement.

*Pineau-Gillière*, de Cezais, jamais.

On voit que les plus ardents de ces agents cantonnaux étaient peu zélés pour seconder les vues du gouvernement de la Terreur. Dans le pays, plusieurs d'entre eux ont exercé, cependant, des cruautés dont le souvenir dure encore.

### 2° Garnison : *gendarmes et soldats.*

Dès que ce nouveau régime a commencé de s'imposer à la France et à la Vendée plus particulièrement, des troupes, et, plus tard, plusieurs brigades de gendarmerie furent envoyées à la Caillère, pour contenir le pays. « Le poste de la Caillère, écrit l'un des commissaires, est infiniment utile ; il ne saurait être mieux placé. Par sa position il couvre tout le pays de la plaine, depuis Thiré jusqu'à Fontenay. Mais il est trop faible. »

On ignore le chiffre des soldats qui y furent cantonnés pendant la période révolutionnaire. En tout cas, beaucoup d'entre eux ne sont pas patriotes à la nouvelle manière, car les divers commissaires qui se succèdent à la Caillère se plaignent qu'ils désertent souvent et se réfugient chez les habitants du pays ; plus d'un tiers, à diverses reprises, abandonnent leur poste. Beaucoup sont de la Charente, quelques-uns de la Vendée.

Ceux qui restent sous les armes ravagent fréquemment la contrée. Dans un rapport de Ducrocq au général Travot, on lit : « Les soldats ne se gênent pas pour piller les habitants, qui portent plainte souvent. L'un d'eux a été pris à voler du lard dans la maison d'un particulier. »

En l'an VI, le commissaire Chevalier se plaint qu'il a bien de la peine à procurer le nécessaire aux troupes d'infanterie et de cavalerie, foin, paille, avoine, etc. Personne ne veut plus fournir le bois et la lumière.

Obligés de camper sous les halles, les soldats ont placé là leur corps de garde. « En été, c'est chose facile et agréable, dit un commissaire ; mais pendant l'hiver, c'est impossible. On loue une maison et on y établit un lit de camp pour reposer les militaires. La place n'est pas tenable. » Au mois de pluviôse an VII, des soldats étant partis sont remplacés par des gendarmes. On ne sait où les loger. On pense à une maison, appartenant au citoyen Vexiau, de Réaumur, qui s'y oppose. Le 9 ventôse, ordre lui est donné de procurer sa maison pour loger la gendarmerie et pour les réunions des assemblées cantonales. Longtemps Vexiau refuse ; il cède enfin, quand il voit qu'on va se passer de son consentement.

Cette maison est appelée l'Assiette, près la cure, appartenant actuellement à M. Gourde.

Au mois de messidor suivant, le pays étant à la veille de se soulever, comme le reste de la Vendée, le canton de la Caillère est mis en état de siège, de nouvelles troupes sont envoyées, et comme elles ne suffisent pas encore, on a recours aux dragons en garnison à Saint-Hermine. Mais, cette fois, les communes, mises à contribution pour fournir le grain nécessaire à la subsistance de toutes le troupes, réclament contre ces charges, d'autant plus que le blé est requis même par la garnison de Fontenay. L'administration municipale de Caillère, dans une lettre du 27 fructidor, se plaint que c'est une ruine pour le pays, d'autant plus que les troubles de la guerre empêchent une bonne culture des champs.

Une brigade de gendarmerie continue de séjourner à la Caillère, après la Révolution, car les actes de l'état-civil font mention de mariages de ces militaires et de la naissance de leurs enfants en 1805, 1807 et les années suivantes.

La Caillère est encore aujourd'hui le siège d'une brigade de gendarmes à pied.

### 3° *Ruine du pays.*

Une lettre du 18 fructidor, an V, (1797) à l'administration centrale, montre la situation bien sombre au point de vue des récoltes. Depuis trois ou quatre ans, la culture manque de bras et d'outils aratoires : presque plus de moissons depuis quelques années, les maisons sont partout en ruines. En l'an VII, même situation : « Les ravages qu'a faits la malheureuse guerre de la Vendée à la Caillère n'ont laissé que très peu de maisons habitables, » dit un commissaire. Partout des réparations urgentes sont nécessaires, mais les habitants, inquiets de l'avenir, plutôt que de les faire, préfèrent souffrir les rigueurs de la température, et vivent au jour le jour.

En 1793, 94 et 95, si grande fut la misère dans la contrée que l'administration d'alors, peu tendre d'ordinaire à l'égard des localités qui s'insurgent, n'osa exiger des habitants aucun impôt. Le conseil cantonal demandait que l'impôt ne fut pas prélevé également en 96 et 97. Il s'exprime en termes suppliants : « Si comme nous, citoyens administrateurs, vous entendiez sans cesse les justes plaintes de ces malheureux, vous ne seriez nullement surpris du retardement de l'arriéré, leurs gémissements ne pouvant vous parvenir, nous sommes les témoins de leur pauvreté auprès de vous. Jetez les regards sur notre malheureux territoire, à chaque pas vous constaterez les fruits des guerres civiles, qui ont tout détruit dans ce pays autrefois si florissant : industrie, commerce, agriculture, tout a souffert au point qu'il faudra bien du temps pour lui rendre une année de prospérité.

Le conseil constate que si considérable est la pénurie des chevaux, mules et mulets, que, dans les huit communes du canton, leur nombre s'élève à peine à 117. « Dans ce chiffre même sont compris les chevaux des *Caillerots*[1] et juments poulinières. Aucun d'eux n'est propre à la cavalerie. »

Pour que des administrateurs, d'ordinaire si peu, soucieux des véritables intérêts de leurs administrés, s'expriment ainsi, il fallait vraiment que la misère fut extrême dans toute la région.

---

[1] On nomme ainsi les marchands de fruits qui vont les porter et les vend dans les villes voisines.

Aussi, ne faut-il point s'étonner si le gouvernement du canton est lui-même ruiné. Le citoyen Germon fils, tour à tour percepteur et juge de paix, demeure quatorze mois sans traitement, ce dont il se plaint fort. Agents salariés, ouvriers qui ont travaillé aux réparations de la maison municipale, gardes-champêtres, tous réclament leur dû, et toujours la caisse cantonale est vide.

On veut bien obliger certains citoyens à payer quelque impôt, surtout les plus ardents royalistes, mais on les trouve récalcitrants. Des garnisaires sont logés dans ce but chez plusieurs habitants, mais ceux-ci sont dans une telle gêne qu'ils demandent la vente de leurs effets, linge et vêtements, pour satisfaire les exigences du percepteur, et qu'on enlève les soldats qu'ils ne peuvent ni loger, ni nourrir.

En l'an V, les anciens documents font mention d'un Joseph Perochain, du Défant (St-Cyr-des-Gâts), qu'on veut forcer à payer les impôts. Le 6 messidor, quatre soldats sont installés en sa maison jusqu'à ce qu'il se décide à payer.

### 4° *Impiété des Commissaires de la République.*

Ce que nous dirons ici ne surprendra personne. Le gouvernement révolutionnaire, qui venait de porter la main sur l'Église et de ruiner sa constitution, ne pouvait avoir que des agents façonnés à son image et s'inspirant de ses idées. Le refus, par tous les prêtres fidèles, de prêter serment à la *Constitution civile du clergé*, décrétée par la Constituante et la Convention, devait assurément irriter les commissaires de la République qui appelaient *réfractaires* les saints ministres de Dieu.

Le citoyen Ducrocq-la-Bretonnière se montra digne de la Terreur qu'il représentait. On le voit se réjouir « de ce que le pays ne soit souillé par la présence d'aucun émigré[1] ou

---

[1] On a fait un crime aux émigrés d'avoir quitté leur patrie, on les a accusés d'avoir porté les armes contre elles. En examinant froidement leur conduite il est, certes, permis de voir une faute. Il eut mieux valu pour eux combattre à l'intérieur les ennemis de l'ordre et de l'autorité. C'était aussi s'aveugler

prêtre réfractaire. J'ai un espion, écrit-il, qui me rend compte de tout ce qui se passe. »

A Saint-Hilaire-du-Bois, cet espion est un certain David. Ducrocq donne des ordres pour que « aucun prêtre réfractaire ne puisse s'insinuer dans le canton à la faveur d'un déguisement. » La Révolution serait en danger, si un prêtre ne trouvait sur le territoire soumis à son autorité. Toutefois, il a beau faire, sa vigilance est mise en défaut, car nous savons que plusieurs prêtres, au péril de leur vie, se trouvèrent cachés dans le canton pour administrer les sacrements. Tous n'avaient pas porté leur tête sur l'échafaud, ni mis le pied sur les pontons de l'île d'Aix, ou sur la route de l'exil.

Ducrocq « veille à ce qu'*aucune croix, ni hochets n'existent sur les temples du christianisme, ni armoiries, ni insignes de la féodalité dans le canton.* » Aussi bien, le petit tyran ne peut-il dormir tranquille, quand il apprend que malgré sa défense, des prêtres ont osé fouler le sol dont la garde lui est confiée. « Des paysans patriotes ne cessent de me dire qu'il y a beaucoup de prêtres réfractaires, qui, par leurs discours perfides, corrompent l'esprit public. Il est difficile de les prendre. Ils ne disent leur messe qu'à minuit. Les fidèles sont prévenus. Le traître porte son Dieu dans sa poche. Quand ils sont tous réunis, la république est déchirée. Ils prêchent la révolte légitime des assassins. La gendarmerie exerce envers eux la légitime surveillance, mais, à la faveur de la nuit et de la loi qui *deffent* (sic) de fouiller les maisons, ils échappent. »

Aussi, quelle joie pour Ducrocq quand il croit tenir quelques-uns de ces hommes inoffensifs, qui se contentent de porter les secours spirituels de la religion aux fidèles du canton.

---

que de compter beaucoup sur les princes de l'Europe, qui d'abord ne voulurent voir dans la Révolution qu'une querelle particulière à un pays dont ils voulaient l'abaissement. Mais l'histoire impartiale peut-elle faire un crime véritable à ces hommes d'avoir quitté un pays où leur vie n'était plus en sûreté, et d'avoir essayé de sauver leurs compatriotes d'un régime qui mettait tout au pillage, persécutait la religion et faisait tomber sur l'échafaud la tête des honnêtes gens. D'ailleurs ils ne combattaient pas la France, mais la Révolution. »

Bien vite, il fait part de ses espérances au gouvernement : « Chut! chut! nous surveillons avec activité; nous sommes à la piste de ces coquins. J'ai recommandé surtout aux chefs militaires d'employer beaucoup de prudence et de sagesse, afin de ne pas manquer le coup. » Le zélé commissaire savoure par avance le plaisir cruel qu'il aura de passer par les armes les ministres de Jésus-Christ, comme il a fait de tant de citoyens inoffensifs. C'est la joie féroce du tigre qui guette sa proie et se croit certain de la dévorer.

Le premier soin des ardents révolutionnaires qui administrèrent la Caillère avait été de vendre les biens du clergé. Un citoyen Claudot avait acheté à bon compte deux champs le 27 fructidor, an V ; de même une pièce labourable fut cédée pour une somme minime à Drapeaux et à la V° Chevallier.

On avait proposé, en l'an III, de vendre la cure, qui se vendrait très bien, assure le commissaire. Mais, de fait, elle ne le fut pas, l'administration cantonale en ayant besoin pour y déposer ses archives. Elle aussi avait beaucoup souffert de la guerre, car on constate à cette époque qu'elle est ouverte de tous côtés, et qu'aucun ouvrier ne veut travailler aux réparations pour le compte de l'administration, tellement est grande dans le pays la répugnance qu'inspirent ses agents. Pour la remplacer comme maison communale, on loue au citoyen Boisumeau une maison, à laquelle des réparations sont faites pour la somme de six cents francs.

A propos des papiers de l'administration dont nous venons de parler, on peut se demander ce que sont devenus les registres de baptêmes, de sépultures, et de mariages d'avant la Révolution. Les archives municipales de la Caillère ne les possèdent pas. Personne n'avait intérêt à les détruire, si ce n'est peut-être les agents fanatiques de la Révolution. On sait que ces registres étaient tenus soigneusement par les curés des paroisses. Les juifs et les protestants, n'étant point inscrits sur ces registres publics, se trouvaient par le fait même en dehors de la société légale. En proclamant l'égalité de tous les Français, quelles que fussent leurs croyances, la

Révolution fut conduite à créer des officiers publics pour enregistrer les actes de naissances, de décès et de mariages. Les agents révolutionnaires ont voulu, sans doute, effacer jusqu'au dernier vestige de ce qu'ils nommaient la superstition, sans prévoir que c'était anéantir du même coup l'existence légale des catholiques, comme l'a fait la Commune de 1871.

A dater de cette époque le mariage, pas plus que le baptême, ne sera considéré comme un sacrement, institué par Dieu aux premiers jours du monde, mais seulement comme un contrat passé devant une autorité humaine, et ce contrat désormais paraîtra suffisant à Bonaparte pour produire tous les effets civils du mariage, pour lequel, depuis l'introduction du Christianisme dans les Gaules, le rôle et les fonctions du prêtre étaient seuls nécessaires.

Distinction malheureuse, qui menait à l'abandon du vrai mariage, de la seule union légitime pour nos pères comme elle doit l'être pour nous, et qui établissait une sorte de concubinage légal. Mais cela entrait dans les vues de la Révolution qui veut la destruction de tous les liens contractés sous les auspices de la religion, comme la destruction de la religion elle-même.

C'est là ce que pratiquait Ducrocq, quand il obligea des catholiques, qui avaient contracté mariage devant le curé de Chavagnes-près-Redoux, à venir renouveler leur consentement devant l'agent cantonal de la Caillère.

### 5° *Agitation du pays*

La religion et la royauté avaient jeté dans cette contrée, comme dans toute la Vendée, de profondes racines, et les habitants ne pouvaient accepter aisément un gouvernement qui venait d'assassiner le roi de France, de faire la chasse aux prêtres, d'anéantir le culte catholique pour y substituer le paganisme et la déesse Raison. Aussi ne faut-il pas s'étonner si les commissaires de la Révolution eurent peine à contenir le pays, après les événements amenés par le soulèvement de la Vendée contre la Terreur. « On crie *vive le roi*, et on tient des propos contre les autorités révolutionnaires. On demande des hommes à pied et à cheval pour faire respecter l'autorité », écrivent les agents cantonnaux au général commandant à Montaigu.

Ainsi, malgré les troupes d'infanterie, de cavalerie, et la gendarmerie cantonnées à la Caillère, des troubles existent et on fait appel à une augmentation de garnison pour les étouffer.

Deux citoyens : les Rousseau, de S. Maurice-le-Girard, sont la terreur de Ducrocq, qui réussit enfin à les faire prendre et les mettre en prison. « Le nom des Rousseau-du-Coteau, écrit le commissaire, jette l'effroi dans le pays. »

Le crime de ces braves gens était de se montrer ardents royalistes.

Ducrocq fut longtemps avant de pouvoir s'en emparer. Nous ignorons le sort qu'il leur réserva.

Si vif est le ressentiment des royalistes contre les transfuges de leur cause, si ardentes sont les passions politiques, que des crimes sont commis dans le bourg même de la Caillère, sous les yeux de l'autorité, des gendarmes et des soldats. Le percepteur Blaisot et sa femme sont assassinés au mois de prairial an VII. Et la raison en est donnée par Ducrocq. « Ancien notaire de la Châtellenie, Blaisot a fourni des preuves de son attachement à la cause de la liberté de la Révolution, et n'a cessé de lui être fidèle. L'autorité est inquiète, vengeance politique. » Ducrocq lui-même commence à craindre pour sa peau, qui ne vaut pas cher. « Voici des nuits, ajoute-t-il, que les chiens nous annoncent que quelqu'un de suspect traverse notre commune. Les habitants du pays prétendent que ce signe est infaillible. Le commissaire demande que la garde, près des Halles, soit montée la nuit comme le jour de peur que le poste de soldats vienne à être enlevé par les royalistes. »

Le commandant des troupes prend peur lui-même, il refuse d'envoyer des garnisaires pour obliger à faire rentrer les impôts de craindre d'éparpiller et d'affaiblir ses forces. « Le poste est trop faible : s'il eut été plus fort, il eut marché en deux colonnes à Pulteau, et les brigands (lisez les royalistes) eussent été enveloppés. Il faudrait encore quinze ou vingt hommes de plus, des gendarmes. Nous les réclamons vivement, le salut public l'exige. »

Enfin le 17 brumaire (an VII) Ducrocq écrit de nouveau, exagérant le danger pour faire apprécier ses services, et donner de l'importance à la défense. « La guerre civile se rallume : nous n'abandonnerons pas notre territoire aux brigands, sans les avoir vus et savoir où ils sont. Le ci-devant clocher de l'église placé sur une voûte nous offre une citadelle où vingt hommes sont imprenables, même par 6,000 hommes. Ils ne redoutent ni le feu, ni le canon. La bombe seule pourrait les atteindre. Une ouverture à passer un homme seul placée au sommet de quatre-vingt et quelques marches est son entrée. La proximité d'Hermine, de la Chataigneraie, même de Fontenay lui offre un secours assuré. »

Alors, pourquoi craindre à ce point ? Les mesures de sûreté ne manquent pas, cependant. « Les cabaretiers, ordonne Ducrocq, sont tenus d'avoir un registre de tous ceux qui logent chez eux. Ils doivent avertir la force armée pour qu'elle-même visite les passeports, afin de déjouer les coupables projets des enfants dénaturés qui veulent déchirer le sein de leur mère patrie. »

Le 2 messidor, même année, cinquante dragons de Saint-Hermine sont envoyés à la poursuite des brigands (pour Ducrocq les royalistes sont toujours des brigands), retirés dans la forêt de Vouvant. « Mais impossible de les atteindre. Les dragons reviennent *bredouille*. Nul doute, ajoute le commissaire, que les émigrés ne les dirigent. Des bruits sourds indiquent que les brigands doivent exterminer la brigade de gendarmerie de la Caillère. » Ducrocq, si peu rassuré, se voit cependant obligé de payer de sa personne et de se transporter là où sa présence est nécessaire. Mais comme il fait bien valoir son dévouement à la chose publique ! « Je suis installé dans le détestable pays de Saint-Laurent, (le moi *saint* lui échappe), chez le bonhomme Cousin. J'y ferai pénitence. » Ce n'est pas sans besoin.

Mais voici que son règne va finir, le Directoire touche à son terme, en butte aux attaques de la démagogie. Ces provinces, et le Bas-Poitou également, sont parcourues par des bandes de *Chauffeurs, Compagnons du soleil*, etc. qui excitent de continuelles alarmes. Plus d'autorité en haut, plus de sécurité en bas. La mesure du désordre était comblée.

Bonaparte vient saisir le moment propice pour dissoudre le Directoire, cause de tant de maux. Le héros du 18 brumaire renverse la Constitution de l'an III, et se fait proclamer premier consul, s'efforçant de réconcilier les partis avec la Révolution dont il ne supprimait que les mesures violentes. Le pays allait enfin respirer : la confiance renaissait, et la Vendée, sur le point de se soulever, comme on vient de le voir, fut pacifiée et traitée avec égards.

Le 19 pluviôse, Ducrocq écrivait : « Le calme renait et la paix nous est donnée. »

Le conseil cantonal songe à régler les comptes de son administration et à se séparer pour faire place à un ordre nouveau. Son dernier acte est d'inviter le fermier du cimetière de la Caillère à venir payer son prix de ferme.

Ducrocq rentre dans l'ombre, et le pays qu'il a terrorisé va pouvoir goûter la paix et réparer les ruines accumulées sur son territoire, comme dans les autres contrées de la Vendée.

Les ennemis de ce vaillant pays qui avait tant souffert avaient affecté de le considérer comme un ramassis de brigands ; Bonaparte, l'appréciant à sa valeur et lui rendant justice, l'appela un *peuple de géants*.